LES PREMIERS DE LA GLACE

Charles Dobzynski

LES PREMIERS DE LA GLACE

LES ANIMAUX DU GRAND NORD

Illustrations et mise en page de

Daniel Hénon

le farfadet bleu

le dé bleu

Écrits des Forges

1996

L'homme... a fait à la baleine une véritable guerre navale ; et la poursuivant avec ses flottes jusqu'au milieu des glaces polaires, il a ensanglanté cet empire du froid, comme il avait ensanglanté le reste de la terre ; et les cris du carnage ont retenti dans ces montagnes flottantes, dans ces solitudes profondes, dans ces asiles redoutables des brumes, du silence et de la nuit.

La Baleine franche
Comte de Lacépède, 1756-1823.

LE PINGOUIN LINGUISTE

C'est pas gai de manger du foin
dit le pingouin dans le besoin,
mais ça vaut mieux que de croquer du buis
ou se tremper dans le cambouis.
Le pingouin donne du tintouin
mais beaucoup moins
qu'un bébé babouin !
Avoir un bec au lieu d'un groin
permet de voir plus loin
que le bout de son bec
surtout quand on est du Québec !
Un pingouin ne fait pas coin coin
comme un canard
ni bzz bzz comme un maringouin
mais, chose inouïe,
il vit la nuit chez les Inuit.
La langue des pingouins comporte un tas de mots
eskimos.
Le pingouin érudit qui tire la langue
on l'appelle un linguiste.
Il préfère les petits suisses
à la bouillie
et l'écriture aux gribouillis.
Le pingouin dit d'un air chafouin :
si les oiseaux font cui cui cui
le pingouin linguiste, lui, lui, lui
fait de la linguistique
tsoin, tsoin
et toc et toc ! et tic et tic !

L'OTARIE EN VACANCES

Championne de tous les trapèzes,
l'otarie a pris son congé.
Assez jongler avec les chaises,
pas même un hareng à ronger !
Elle a poursuivi sa carrière
dans un cirque parmi les clowns
droite assise sur son derrière,
son numéro était le clou,
hit-parade des acrobates.
Elle battait même le gnou,
vieux griot qui fait de l'épate.
Elle, chevauchant son igloo,
balançait au ciel douze torches
et quinze sabres alternés
sans craindre que l'un d'eux l'écorche
en lui retombant sur le nez.
Mais Dieu ce que la vie est dure
à jouer la star dans un show !
Où est le Nord et sa froidure,
où est son copain le manchot ?
L'otarie s'en va en vacances
folâtrer vers quelque Spitzberg
et humer le parfum d'enfance
dans la jungle des icebergs.

L'OTARIE FAIT DU KAYAK

L'otarie emmitouflée
dans son duvet d'anorak,
apprend joyeuse aux mouflets
la technique du kayak.
Avec le saumon qui fume
on rejoint le Saint-Laurent,
on joue au cerceau d'écume,
siffle un vol de cormorans.
Les rapides, c'est plus drôle :
on fend en flèche les flots,
Ah le récif que l'on frôle,
et le castor aux yeux clos !
Plus on va, plus on va vite,
on évite un Niagara
qui happe et vous précipite
sous sa douche, patatras !
Puis on revient vers les glaces
et l'on va prendre un sauna
dans un tub de plexiglas.
Il fait si froid que l'on a
bien plus chaud sous la pelisse
que la congère a frottée
et l'on goûte à ce délice :
un merlan pommes sautées.

Mon premier est un gros morse,
mon second un petit morseau.
Mon premier bombe le torse
mon second joue au cerceau.
De mon premier la moustache
frise et se fronce jusqu'au sol.
Mon second à cache-cache
s'amuse avec sa boussole.
Mon premier a fui ce bagne
Qu'est le grand cirque Barnum
où le poisson quotidien ne se gagne
qu'en jonglant sous l'œil d'un homme.
Encore un cercle ! Encore un saut !
Il faut jongler avec les balles !
Mon second, le petit morseau,
dort dans l'aurore boréale.
De mon premier l'on a volé,
trop bel ivoire les défenses.
    Mais le morseau
    dans le berceau
de sa banquise constellée
est libre en son rêve d'enfance.

Employé dans les Télécoms
au service du télégraphe,
Le morse est heureux. Heureux comme
en haut de sa tour la girafe.
Il n'a pas besoin de poteaux
pour distribuer ses messages.
Dans la neige il fonce à moto
en se couchant dans les virages...
Le morse apprit son alphabet
sur des bancs de glace au collège.
Chaque fois qu'un cours le barbait
il recommençait son manège :
un coup sur la table, un coup bref,
et puis deux coups que l'on prolonge.
C'est ainsi qu'il devint le chef
du bureau d'émission des songes.
Il contrôlait tous les trafics
sans acquitter la moindre taxe,
mais son réseau télégraphique
fut un jour changé par le fax !
Quelle épreuve : plus de salaire,
pour le morse quelle galère !
Privé par le fax de tout fixe,
mis au chômage et à l'index,
il s'embarqua — pas pour Cythère ! —
mais pour Hollywood où la Fox
l'embaucha dans le rôle annexe
de quelques clips publicitaires.

Il neige sur la banquise,
il souffle un vilain blizzard,
le grizzli fait grise mine
et le phoque se déguise
sous un duffel-coat d'hermine
pour échapper à la bise.
Ah quel temps, quel temps bizarre !
Même le bison grelotte
et dans la nuit la hulotte
bégaie : bizarre, bizarre...
Quoi, vous avez dit grisard ?
s'inquiète le goéland
qui revient du Groënland
d'un rallye d'ours et d'élans.
Oui, quel temps, répond le phoque,
à vous dégoûter de l'époque,
j'ai si soif que j'en suffoque !
Que l'on nous serve un whisky
réclame le chien Husky
harassé par son traîneau,
à la rigueur un cinzano !
Le harfang que le froid mord
enfile ses blanches guêtres,
de plus en plus bas le baromètre,
c'est un temps qui perd le Nord,
c'est un temps à ne pas mettre
même un chien de mer dehors !

LE MANCHOT UNIJAMBISTE

Ah c'est un drôle de métier
qu'être manchot unijambiste,
rebattre en boitant les sentiers
lorsqu'on a flairé une piste.
Qu'il fasse froid, qu'il fasse chaud
pour un officier de police,
dans la Brigade des Manchots,
il faut assurer le service.
Pas besoin d'avoir le bachot
mais il faut tenir sa peau lisse,
un cœur dur, pas un artichaut,
et faire preuve de malice
pour surprendre en flagrant délit
dans la joaillerie des glaces
forçant un coffre l'otarie
avec le phoque expert en casse !
La neige, ils en ont plein les bottes,
de la drogue ? Des diamants ?
Le manchot leur met les menottes
et ouste en taule, garnements !

LE COURONNEMENT DU MANCHOT

Le manchot qu'on dit Empereur
voulut, par un jour de disgrâce,
monter sur son trône de glace :
ce fut là sa fatale erreur.

Il enfila sous sa pelisse
son smoking royal blanc et noir.
Hélas, horrible patinoire,
voilà que sur son trône il glisse !

L'Empereur fut découronné
avant que son règne commence !
Piteux, il roule sur sa panse
et son peuple lui rit au nez.

MORALITÉ

Le Manchot n'est pas du Grand-Nord,
mais de ce cousin sympathique
as du basket dans l'Antarctique
le peuple des pingouins s'honore.

Gonflé à bloc mais paresseux
    comme une couleuvre,
l'éléphant de mer n'est pas de ceux
    que l'on manœuvre,
sauf à user d'un bulldozer
    au moins d'une grue.
Il semble un tas de boue que déposèrent
    les dernières crues.
Il digère lourd, a l'air malhabile
    impassible et flemmard.
À vivre il ne se fait pas plus de bile
    que le homard.
Vautré sur son canapé de neige
    aux moëlleux coussins,
sans se hâter il apprend le solfège
    ou, l'œil assassin,
il déguste à la télé des banquises
    un show de bayadères,
chorégraphie aux figures exquises
    de mouettes et d'eiders.
Et cette vie de nabab, ô délice,
    se parfait du style excellent
dont est doué le phoque de service
    qui lui sert un thé de Ceylan.

LE DAUPHIN CÂBLEUR

Le dauphin, chose remarquable,
pour la technique est surdoué.
La Poste l'a chargé du câble
de Vancouver jusqu'à Douai.
Muni d'un coupe-fils il fonce,
en corrigeant par ultra-sons
les copies d'Adèle et d'Alphonse
qui ont cochonné leurs leçons.
En sifflotant il module les fréquences,
les hauts-de-gamme, la hi-fi,
pour antenne, même en vacances,
le bout de son nez lui suffit.
Il est le premier de la glace,
le plus rapide du préau,
son œil est si vif qu'il remplace
quatre cassettes vidéo.
Un talkie-walkie en sa tête
il converse avec les marsouins.
Le dauphin ? Non, ce n'est pas une bête,
mais une espèce de bédouin
qui sillonne les mers du monde
pour enregistrer tous les mots,
les secrets perdus sur les ondes
à traduire en langue eskimo.

LE DAUPHIN TÉLÉPATHE

Le dauphin, crack des acrobates,
qui sautait quatre ou cinq anneaux,
battit le record d'audimat
sur trois chaînes plus deux canaux.
C'est ainsi qu'il devint vedette
d'un show sélect de la télé
où le rock enfièvre les bêtes
qui ont le bout du nez gelé.
Illusionniste incomparable,
on le vit en habit de strass
de son chapeau sortir un crabe
qui fila sans laisser de trace...
Il cloua dans un sarcophage
une sirène au manteau d'ocelot
mais ce qu'il tira de la cage
ne fut qu'un anchois en polo !
Las de ses numéros d'épate,
l'ultra-son servant à son flair
le dauphin se fit télépathe,
pour dire les méli-mélos
    de la météo polaire.

Le marsouin, médecin arctique,
ne se propulse que par bonds
pour secourir ou moribonds
ou cétacés paralytiques.

Il est lui-même l'ambulance
que l'on commande pour les soins
d'urgence à S.O.S. marsouins,
sitôt qu'on l'appelle il s'élance.

De saut en saut, s'il se balade
de Terre-Neuve au Labrador,
c'est pour arracher à la mort
baleines et dauphins malades.

Ses remèdes sont dans sa trousse :
tube d'aspirine et nougat,
du sirop pour le bélouga
souffleur d'ouragan quand il tousse.

Il écoute un cœur de baleine :
dites trente-trois, trente-trois,
le morse fièvreux a pris froid,
l'otarie a mauvaise haleine.

À l'orque hémophile il transfuse
du sang de narval, apaisant,
et au phoque rhumatisant
prescrit massages de méduse.

La baleine grise a besoin
si ses évents soudain se bouchent
qu'on lui fasse du bouche à bouche
art où s'illustre le marsouin !

L'hôpital est peu confortable,
mais en catastrophe il opère
le rorqual bleu de son ulcère,
et la banquise sert de table.

Parfois en groupe il se déplace,
docteur acrobate qu'on voit
cabrioler dans les convois
des ambulances de la glace.

Sa croix-rouge peinte à l'arrière,
de l'Islande à la Gaspésie,
il fonce pour sauver des vies,
Au nom des marsouins sans frontière

L'arbre des cétacés exhibe plusieurs branches,
le marsouin se distingue aisément du rorqual,
le dauphin fort en gueule est loin, très loin des
    squales,
et la baleine à bec n'est pas baleine blanche.

Qui gagne le gros lot ? C'est la baleine franche,
submersible de chair et d'os : un cas spécial,
émule d'iceberg sur l'océan glacial
ou peut-être volcan qui nage et fait la planche ?

Plus grosse qu'une tour, plus pansue qu'un
    navire,
elle vogue, nomade, et jamais ne chavire,
portant comme plumet de vapeur ses évents.

Au sommet du jet d'eau rebondit cette balle
qu'une étoile jeta dans la mer boréale
et qui s'épanouit comme rose des vents.

LA BALEINE BELOTEUSE

La baleine dévergondée
passe ses nuits au casino,
tant pis si la salle est bondée,
que pétarade le piano !
Au vestiaire elle laisse sa calotte
polaire et met son smoking eskimo
sa cravate est en échalote,
ses gants en glace à l'abricot.
Elle est dingue de la belote,
elle joue le tout pour le tout,
ses économies, sa cagnotte,
sa banquise pour un atout !
Dans sa bedaine ça ballotte,
du champagne, elle en a bu trop !
Ses rois sont tombés à la flotte,
ses valets sont sur le carreau.
La belote pour la baleine,
Ah quel enfer dans les glaçons !
Elle en perd le souffle et l'haleine,
en mer elle voit des poissons
changés en cartes... Oh le bel as !
Elle l'avale... Oh le beau neuf !
Et elle gobe comme un œuf
le roi des thons pris dans la glace !

La mère cachalot, bâtie
comme cathédrale flottante
se désole et juge inquiétante
la triste mine du petit.
Bébé cachalot trop pâlot
entre les icebergs slalome,
puis sur l'oreiller d'un halo
il se plonge dans un doux somme.
Mais ni le sport ni le boulot,
plus rien qui le tente ou l'excite.
Est-il frappé d'anorexie ?
Il ne tire plus du frigo
de la banquise les sardines
ni les crevettes ni le krill.
On lui offre un thon sur le gril,
mais il somnole : qui dort dîne.
D'urgence on mande le rorqual
chef d'hôpital à Hopedale
chez les Marsouins sans frontière
et son examen médical
révèle sans l'ombre d'un doute
que le misérable bébé
de trop de rhum s'est imbibé
et qu'en guise de casse-croûte
il a englouti sans dire ouf
cent dix caisses de chocolat !
Son pauvre estomac raplapla
se souvient de la grande bouffe !
Alors pour mettre le holà
aux frasques de ce cétacé
on lui administre une purge
si corsée qu'il hurle et s'insurge :
ah pitié ! pitié ! c'est assez !

Un jour en rade de New York
évadé qui sait de quel bagne
pour baleines, l'on vit une orque,
crête ronde et dos de montagne,
qui croisait cargos et remorques,
plus véloce que les hors-bords,
et l'on entendait sa voix d'orgue
entonner comme un chant de mort.
Au pont de Brooklyn elle passe,
les new-yorkais sont médusés
de voir foncer à la surface
des eaux cette énorme fusée.
Ce monstre aquatique, serait-ce
de Hollywood un revenant,
faut-il qu'un King-Kong reparaisse
pour terroriser les manants ?

***

L'orque carnassière est féroce,
chasse-marsouin et franc-pillard.
On tremble quand pointe la bosse
du torpilleur dit épaulard.
Elle remonte l'Hudson. Plonge.
Émerge encore, l'air hagard.
S'est-elle égarée en ses songes,
A-t-elle surgi par hasard ?
Rêve-t-elle ou, qui sait, se voue
au triste sort des suicidés ?
Sur le bord du fleuve elle échoue,
nul jusqu'ici ne l'a guidée.
Elle vient mourir en épave
sous l'œil surpris des gratte-ciel :
à choisir sa mort elle brave
le destin qui lui fut cruel.

La jubarte est une baleine un peu follingue
qui aime rebondir comme d'un trampolin.
On voit filer dans l'eau cette longue carlingue,
ventre blanc et dos noir d'un boeing sous-marin.

Elle pourfend la mer en pêchant la crevette
ou rêve d'une tarte énorme de plancton.
De son ciré de cuir il faut qu'elle se vête
pour poursuivre le krill. Mais où le planque-t-on ?

Dans l'œil de l'océan le krill est l'escarbille.
Mais la jubarte myope autant qu'un crustacé,
ne saurait distinguer un poisson d'une bille.

Dans la nuit elle joue, agile, au tympanon,
ouïe fine où chaque son vibre et s'incruste assez,
harpe des profondeurs ou guitare à fanons.

Le seul animal qui de la chimère
        soit le vrai rival,
du bout du monde et du fond de la mer
        c'est le bleu rorqual,
si bleu qu'il vient dit-on d'un autre règne
        l'étrange univers
où dans le bleu de méthylène on baigne
        tout être de chair.
Est-ce tombée à la mer une tranche
        de l'Everest ?
Plus fabuleux que la baleine blanche,
        dix fois plus leste,
Il suit le fil d'un rêve au long des côtes
        nord du Québec,
de dix coudées dépassant la plus haute
        baleine à bec.
Que cherche-t-il le rorqual gastronome
        bringuebalant ?
Être le roi de ce festin qu'on nomme
        le capelan !
Derrière-lui, cortège du voyage,
        quelques traîneaux
bercent sur l'oreiller de son sillage
        ses baleineaux.
Ô randonneur qui est des mysticètes
        fils et parent,
porteur de songe et de besace, ascète
        toujours errant.

La banquise peut servir de banque
    aux pires coquins,
des biens mal acquis devenir la planque,
    pour quelques requins,
quelques renards des maffias polaires
    refuge parfait
de leur argent sale et du gras salaire
    de tous leurs forfaits.
Pour blanchir l'argent sale on le congèle
    dans le coffre-fort
qu'est l'iceberg, cercueil blanc qui recèle
    de troubles trésors.
Mais l'iceberg aux serrures de glace,
    blindage sans pareil,
n'est pas pour autant à l'abri d'un casse
    ou de l'appareil
qui fut conçu par le gang des baleines,
    outil sans égal
qui tient au corps et ne s'use qu'à peine
    manié par le narval.
Car le narval, torpille d'os, possède
    sur son nez l'instrument,
la foreuse magique à quoi tout cède
    instantanément.
Rien ne résiste à la vrille en spirale
    du cétacé perceur
qui de l'or amassé contre toute morale
    devient le possesseur.
Il récupère ainsi, forçant les coffres,
    tout le butin des nuits
L'or tombé dans la mer et celui qu'offre
    le soleil à titre gratuit.

Ce soir à l'Opéra-banquise
les oiseaux offrent un gala.
On s'escrime à des vocalises,
quelques-uns sont en queue de pie,
d'autres en robe à falbalas.
La macreuse a mis son képi
de capitaine pique-feu,
le martin-pêcheur est en bleu.
Le gerfaut qui n'est pas ascète
a des paillettes sur sa jupe
le fier vanneau coiffe sa huppe.
Corset serré vient l'avocette.
On va jouer « Le lac des sternes »
d'un musicien russe oiseleur.
La grue du Québec a des cernes
sous les yeux. L'albatros hurleur
se prend pour une cantatrice
et contrarie le macareux.
Le pétrel-tempête se hérisse,
au micro sa voix sonne creux.
Quand parade le tétras-lyre
danseur-étoile du ballet,
dans les plumes c'est le délire !
Le tadorne Belon s'échine
à imiter Elvis Presley.
Le manchot rocker se dandine,
l'eider frémit comme diva,
et l'oie des neiges, gourgandine,
au harfang offre une java.

Non ce n'est pas d'une chouette
l'ululement qui pourfend
l'oreille des nuits muettes,
c'est la stridence du harfang.
Oiseau de neige, oiseau des ombres
    si blanc, si blanc
que même un cygne paraît sombre
    auprès de lui.
Oiseau de vent, oiseau nocturne
    pilleur de nuit,
le harfang dit-on sur la lune
    trouva son nid,
rapace il lui vola ses plumes,
    le harfang chasse
    quand la nuit passe,
car c'est au fil de l'aurore polaire
    que sa vue s'aiguise
    tant qu'aucune prise
n'échappe plus à son vol circulaire.
    L'œil du harfang
    en deux se fend
et tout au fond de sa pupille
    tel un brin de paille
    qui tomba du temps
    une petite étoile brille.

LA VIE DU LIÈVRE BLANC
EST VARIABLE

Longues oreilles à la diable
    épées pointues,
accourt le lièvre variable
    des monts pentus.

Variable par le costume,
    au gré du temps,
en janvier par crainte du rhume
    en loden blanc.

Le blanc lui sert de camouflage
    quand l'hiver dure.
Août repeint de roux son pelage
    dans la verdure.

Mais le lièvre a des goûts bizarres
    un peu cinglé
en cachette il fume cigare
    ou narghilé.

Il recherche son casse-croûte
    avec grand soin,
hélas c'est un lichen qu'il broute
    comme sainfoin.

Ni luzerne ni brin d'oseille ;
    rare est l'épi.
Et gare à la futaie où veille
    le loup tapi !

Le lièvre blanc est invincible
    au marathon.
Mais quelle appétissante cible
    pour le glouton !

Dans la broussaille ou dans la neige,
    sauter, courir
sans répit se garder des pièges
    qui font périr,

c'est le sort du lièvre qui change
    d'ombre et de peau,
fripier des saisons qui mélange
    ses oripeaux.

Qu'est-ce qui fixe en sa tête l'idée
    du souple et long glouton ?
Ses parents ce sont les mustélidés
    et non pas les pythons.
Corps de velours et crocs d'acier
    il croise dans la plaine,
fouineur, flaireur, carnassier,
    il adore le renne,
le renne en tant que hamburger,
    c'est un menu de fête
quelque lemming à la rigueur,
    quand règne la disette.
Rien ne vaut un filet d'élan
    découpé sur la bête,
mieux qu'une aile de goéland
    dont on trancha la tête.
Le glouton rêve barbecue
    et brochettes d'hermine.
Il faut savoir recharger ses accus
    pour garder bonne mine.
Est-il méchant ? Non, mais matois.
    Qu'on lui offre une quiche
polaire ou un steak de putois
    il se sentira riche.
C'est que toujours lui reste un petit creux
    où la faim le tenaille...
S'il n'y a plus de tarte au macareux
    qu'on lui donne une caille !

36

Nacrée de neige,
l'oie du grand Nord
tourne en cortège
au Labrador,
plus près du pôle
où la conduit
sa transhumance
de nuit en nuit.
Plus blanche l'oie
qu'un sac de chaux
mais pas plus congre
que le manchot.
Son Capitole ?
Un iceberg.
Et son pactole ?
La liberté !
Grise au loin d'alcool,
sa nièce l'outarde
cette oie qui se farde
de boue et de khôl !
Blanc le nuage
et blanc le vol
que l'oie déploie
en parasol.
L'oie blanche apprend
de A jusqu'à Z
que le monde est grand
pour les palmipèdes.
Pour elle un écran
de neige et de glace
sans fin lui repasse
son film noir et blanc.

La légende que l'on veut croire
dit qu'un jour descendit des monts
l'hermine, sorcière ou démon,
corps de neige et bout de queue noire.
Quittant son beau pelage brun,
féline et tout de blanc casquée,
l'hermine gambadait, masquée,
plus svelte en son habit d'emprunt.
Car tout l'hiver elle chemine
immaculée en sa toison,
tenue blanche de la saison
qui métarmorphose l'hermine.
Devenir médecin, la belle idée !
La blouse blanche étant sa norme
elle s'en vint en uniforme
au sana des mustélidés.

**

La belette, chef de thérapeutique,
pointilleuse et le verbe ingrat
lui demanda son doctorat :
« On ne prend pas de mimétiques !
Pour nos patients, quelle peur bleue
si leur docteur hier tout blanc
réapparaît en faux-semblant
brun-roux de la tête à la queue ! »

**

L'hermine s'en fut, furieuse,
de l'hôpital si peu hospitalier
et rencontra dans les halliers
la zibeline curieuse,
qui rêvait d'être ballerine
mais pas dans un corps de belettes !
Elle préférait le blaireau
qui répétait son numéro
d'équilibriste à bicyclette.
Par un beau soir à l'Opéra
s'en vint danser toute la troupe :
le putois et ses entrechats,
la moufette et ses jeux de croupe,
l'hermine aux pas de petit rat.
Mais restée sorcière en son cœur,
l'hermine usa de sortilèges,
en blancheur muant la rousseur,
elle changea tous les danseurs
en statues de sel et de neige.

ÉPILOGUE

Et plus tard l'hermine transfuge
se percha sur le col d'un juge !

39

Le renard blanc a pris robe de bonze,
    il honore Bouddha
Dans ce Québec au ciel d'ambre et de bronze
    où le Dieu s'accouda.
C'est un gourou dans sa pagode en glace
    quelque part au grand Nord
qui lui montra comment trouver la grâce
    et défier la mort.
Comment même un renard se réincarne
    sous la peau d'un zébu.
Car dans la vie toujours traquer la carne
    vraiment n'est pas un but.
Car il vaut mieux se nourrir du mystère
    de la création,
de ce pain sec qui résume l'austère
    vœu de privation,
que de courir la zibeline martre
    ou croquer le lemming
tant l'esprit zen empêche qu'on s'entartre
    ou finisse à Sing-Sing.
Le renard blanc s'adonne à la prière
    sans penser qu'il maigrit
et qu'à jeûner sans cesse en sa tanière
    renard blanc devient gris.
Faut-il mourir pour que l'esprit s'élève ?
    Lorsqu'on est affamé
Ne reste rien que le fumet d'un rêve
    qui s'échappe en fumée.

Le loup blanc, ceinture émeraude
    d'un club de judo,
rôde dans la nuit et maraude
    gibier d'air et d'eau.

Il se camoufle et se déguise,
    blue-jean de sapin
pour surprendre et tuer à sa guise
    lemming ou lapin.

Pour filer sa proie il se change
    candide et sournois,
en prospecteur, en pélerin du Gange,
    en cuisinier chinois.

As du faux-semblant, de l'équivoque,
    travesti avec soin,
il passe un survêtement de phoque
    pour piéger le pingouin.

Voilà qu'il trouve un phoque en son repaire,
    proprement dépecé
par les chasseurs qui préfèrent au père
    le phoque nouveau-né.

Mais le loup blanc n'a pas, rival des hommes,
    l'art de faire souffrir
la bête à coup de gourdin qu'on assomme.
    Lui tue pour se nourrir.

Il flaire étonné cette boucherie,
    lui pour vivre se bat.
Eux, écorcheurs, sont tueurs en série
    sans livrer de combat.

Dans la steppe au linceul blanc, son royaume,
    il repart pour traquer
qui sait quel rêve ou qui sait quel fantôme
    errant de bœuf musqué.

Félin des neiges, la panthère
    fine comme une fleur,
s'exile des lieux que hantèrent
    les pièges des trappeurs.

Elle fuit les forêts profondes
    que peuple l'orignal
pour découvrir le vaste monde
    mystère immémorial.

Comment dans la plaine gelée
    sauver sa peau, sa vie
quand sa robe blanche ocelée
    suscite tant d'envie ?

On la convoite et on la traque
    quand la loi la protège.
Elle a peur quand à ses pas craque
    son ombre sur la neige.

Si nombreuses ses sœurs moururent
    pour devenir bonnets,
alors qu'au moins une fois sa fourrure
    lui procure monnaie !

Elle va vendre sa mémoire
    faite de chatoiements,
l'orfèvre lui scalpe ses moires
    qui sont des diamants.

Elle repart nue, sans ocelles,
    déjà le froid la mord
frissonnante, couleur de sel,
    mais munie d'un sac d'or.

Joyeux drille de la bande
qui fait tourner les traîneaux,
Bob le chien du Groënland,
bon pilote et bon mécano,
chien de tête et chien de race
c'est lui qui mène le train,
chacun doit suivre sa trace.
On le respecte. On le craint.
Poil noir ou roux du pelage,
chef d'un orchestre d'abois
Bob entraîne l'attelage
par les steppes et les bois.
Lui dans cet orchestre il joue
en solo — chien de métier,
lui, frère ennemi du loup,
batteur de tous les sentiers.
En lui survit la légende
d'un héros nommé Croc-Blanc,
et ce rêve en lui commande
la puissance de l'élan.

Chien de trait à belle trogne
le husky de Sibérie,
fin museau qui flaire et grogne,
œil brillant bleu de béryl.
Quand règne le blanc silence
le husky rêve de sport,
s'imaginer qu'il s'élance
à skis est son réconfort.
Or il tient la dragée haute
à sa harde d'aboyeurs,
ne tolère aucune faute :
travailler dur rend meilleur.
Lorsqu'on l'énerve, il retrousse
ses babines. Gare aux crocs !
Et s'il se met à vos trousses
aïe, aïe, aïe gare aux accrocs !
Car c'est lui la vraie boussole
dans la brume ou le noroît,
sa truffe zèbre le sol
et son flair brave le froid.
Dans l'immensité de farine
la piste esquisse un sillon,
lui, d'un pas de ballerine
fend bourrasque et tourbillons.
Parfois, voyageur nocturne,
sur un arbre il voit flotter
cette robe que la lune
lava dans la voie lactée.
Rudes et longues les courses,
il souffle sous le harnais,
mais dans ses yeux la Grande Ourse
scintille et laisse un reflet.

Mon copain bœuf musqué est un marchand de
    fables
nomade, colporteur de marché en marché,
des dessins que la loutre a laissés sur le sable
ou ceux que le loriot dans un arbre a cachés.

Il ressemble aux bisons tels que dans leurs
    cavernes
des hommes les ont peints en des temps très
    lointains.
Il folâtre et ne sait s'il transhume ou hiverne,
son sabot est très lourd mais son pas incertain.

Mon copain bœuf musqué plus agile qu'un
    buffle
souffle sous la toison qui lui couvre le mufle,
sur sa bosse parfois se repose un pivert.

Il aime le galop sans connaître la route,
de son manteau laineux racheté au mammouth
il fait tomber les poux : des étoiles d'hiver.

46

Bisons bruns, bisons
tués pour leur viande
aujourd'hui ne sont
plus qu'une légende.

À l'Indien supprime
ce qui le nourrit
le bison en prime
pour la boucherie.

Le bison qui broute
transhume et hiberne,
lui coupe la route
le train du western

Vers d'autres prairies
comment parvenir ?
Bisons sans patrie
et sans avenir.

Bill dit Buffalo
en tue par centaines,
faux héros falot
pour films et rengaines !

Bisons que l'on chasse
pour priver l'Indien
de leurs terres grasses
et voler son bien.

Le bison se rue
plus loin vers le Nord.
Le fusil le tue
et le froid le mord.

Parmi les bisons,
il n'en est qu'un seul
qui soit de toison
plus blanc qu'un linceul.

Bison blanc, bison
qui par sortilège
change l'horizon
à ses pas de neige.

Serait-ce un mélange
d'ange et de démon,
pour donner le change
aux tueurs sans nom ?

Vers les hautes sentes
il fonce jusqu'à
l'aube éblouissante
qui vient d'Alaska.

Bison blanc, bison
qui disparaît comme
s'éteint un tison
ou un rêve d'homme.

Le renne dit : où vais-je, où vais-je
apporter toutes ces offrandes ?
Est-ce aux enfants de la Norvège,
est-ce aux enfants de la Finlande ?
Hors la jungle des Laurentides
où l'érable, astre boréal,
embrase l'air d'un feu liquide
du lac Saint-Jean à Montréal,
sur son dos est fixée sa hotte,
sur ses bois des étoiles d'or.
Parfois il marche avec des bottes
sur la neige du Labrador.
Nul ne l'entend sur la moquette
que l'hiver pose sous les pas.
Parfois il va sur des raquettes,
tire un traîneau qu'on ne voit pas.
Il a fait fleurir des merveilles,
les jouets qu'on n'a jamais vus :
moulins à miel pour les abeilles,
formules 1 pour les zébus,
logos si parfaits qu'ils permettent
de construire de vraies fusées
jeux vidéos sur des comètes,
kaléidoscopes si rusés
que les arcs-en-ciel s'y baladent
bras-dessus bras-dessous, semant
comme des feuilles de salade
leurs facettes de diamants.
Il est lourd de porter du rêve
dit le renne, beau ténébreux.
Mais qu'importe la vie est brève,
et il est doux de rendre heureux !

Tout au nord de l'Amérique
vit le plus beau des élans,
cousin de la chimérique
licorne et du zèbre blanc.
Loin des terres iroquoises
d'où souvent il fut chassé
vers les forêts québécoises
plus vastes que le passé,
les érables le protègent
de leur ombre et de leur feu,
d'un pas léger sur la neige
il fond dans la brume bleue,
comme un sorcier comme un prêtre
d'un pas de cérémonial,
Il marche sans Dieu ni maître
l'aventureux orignal.
Robe grise ou robe fauve,
métis d'écorce et de vent
dans la steppe pauvre et chauve,
sous un ciel d'engoulevent,
il erre, on dirait qu'il trace
tel un fantôme effrayé
son ombre au miroir de glace
qu'il vient à peine brouiller.
La nuit commence à ce signal :
l'œil scintillant de l'orignal.

Quand le caribou se fâche
il fait trembler le hibou
et le renard blanc se cache :
il fulmine car y bout !
Les sapins prennent le voile,
les lièvres filent au loin
et l'oreille des étoiles
s'étonne de tout ce foin.
Le caribou en colère
fait résonner ses hautbois
que tout l'orchestre polaire
accompagne d'une voix.
Mais pourquoi cette furie
du grand renne québécois
qui rage et dit l'incurie ?
Les animaux restent cois.
Or le caribou s'étouffe
tant la steppe est engluée,
ne subsiste aucune touffe
de lichen non polluée.
L'usine d'hydrocarbures
rejette au loin ses poisons,
plus une goutte d'eau pure,
la mort rôde à l'horizon.
Souffle en sa corne de brume
le long cri du caribou
qui monte jusqu'à la lune
avec l'appel du hibou.

De l'ours prétendu philosophe
la réponse à tout c'est : bof !
J'ai bûché Platon, Socrate,
dit le plantigrade aristo-
            crate
Aristote, ça me botte
Héraclite ça m'éclate !
Lorsque j'ai humeur de teigne,
Je me baigne dans Montaigne.
Je monte à la tour Descartes
et je parie sur Pascal.
Hegel me fut un supplice,
Kant un bâton de réglisse.
J'ai pioché Schopenhauer
à la lueur d'un bec Auer.
Dans son bel aquarium Nietzsche
est un poisson rouge kitsch.
Lire Marx m'a donné chaud,
c'était Groucho en poncho
Alors, suis-je pessimiste,
spiritualiste ou mutualiste,
moraliste, hyper-réaliste,
hétéro-zen, néo-épicurien,
poste restante ou post-lémurien ?
Vraiment, je n'en sais fichtre rien !
Je suis un ours et donc je pense,
trop penser gonfle ma panse.
Ma sœur s'appelle Sophie,
paresseuse, oui, mais je l'aime.
Je lui dis : file ô Sophie
va préparer un thé au riz
pour l'athée aux théorèmes !

Dans sa vaste tour d'ivoire
bourrée de traités d'alchimie,
l'ours savant scrute le grimoire
qu'un Indien de Chicoutimi
mit à jour. Mais la préhistoire
des signes le mange à demi.
Dans sa bibliothèque blanche
les livres sur les étagères
jetés ici par l'avalanche
furent reliés par les congères.
Enfouies dans leurs écrins de neige,
imprimées sur des icebergs,
les pensées que le froid protège
sont les testaments de l'hiver.
Secrets des tas de neige, étranges,
que l'ours s'échine à déchiffrer.
Dans un alambic il mélange
plumes d'eiders, plumes d'orfraie.
Le plomb va fondre avec la glace,
quel mystère va s'éclaircir ?
L'ours savant retrouve la trace
d'un mémoire indien sous la cire.
Alors, fier de sa découverte,
il va briguer le prix Nobel
ou la modeste branche verte
d'un petit sapin de Noël.

Sortie en douce de mon rêve,
tout comme d'un bras de mer,
la tortue blanche se traîne :
c'est peut-être une chimère,
au long de ma page blanche
dans son blanc caparaçon.
Elle avance sans que flanche
son pas de colimaçon.
Elle prend ma page vierge
pour une île Kerguelen :
ah faire un trou sur la berge
(au loin valsent les baleines !)
Ah faire un trou dans ce sable
où nul jamais n'a marché
quel refuge inattaquable
pour les œufs qu'il faut cacher !
Et je noircis ce rivage
de mon encre, sans savoir
que sous les mots de la page
des œufs vont éclore un soir.
De minuscules tortues
au cœur des mots vont manger
comme feuilles de laitue
un paysage étranger.

Adieu, je vous quitte,
bye bye je rembarque
mes mots et mes mythes
ma clique et mes cracks !
J'ai plein mes bagages
de ces biscuits secs
qui font un langage
du Havre à Québec.
Où le vent me mène
je m'en vais au loin,
avec mes baleines,
avec mes marsouins.
J'entends la sirène
qui siffle un taxi,
vite, elle m'entraîne
dans sa galaxie !

Et maintenant si on coloriait ?...

TABLE

ACHEVÉ D'IMPRIMER SUR LES PRESSES
DE PLEIN CHANT À BASSAC (CHARENTE)
EN JUIN 1996. NUMÉRO D'ÉDITEUR : 220.
DÉPÔT LÉGAL : 2e TRIMESTRE 1996.